GRENOBLE
Prudhomme, Éditeur

MOIS DE MARIE

TRENTE-TROIS CHŒURS RELIGIEUX, HYMNES ET CANTIQUES

A TROIS VOIX ÉGALES

Avec accompagnement d'Orgue et de Piano

ET DE CONTRE-BASSE NON OBLIGÉE

COMPOSÉ POUR LES MAISONS RELIGIEUSES, LES PENSIONNATS ET LES ÉCOLES DE MUSIQUE

Paroles de M. Dralliat

Musique de J. Arnaud

Approuvé

PAR MONSEIGNEUR L'ÉVÊQUE DE GRENOBLE.

Paris

NICOU, CHORON ET CANAUX   PRUDHOMME, LIBRAIRE
BOULEVARD SAINT-DENIS, 14.   RUE VIEILLE-BOUCLERIE, 27.

1839

GRENOBLE
IMPRIM. DE PRUDHOMME

MOIS DE MARIE.

GRENOBLE, IMPRIMERIE DE PRUDHOMME.

MONSEIGNEUR

PHILIBERT DE BRUILLARD

ÉVÊQUE DE GRENOBLE.

Pontife vénéré, le respect te confie,
Comme un bien qui t'est dû, l'œuvre de notre foi ;
Nous ne t'offririons pas cet hommage à Marie,
S'il était un prélat plus vertueux que toi.

J. Arnaud.   Dralliat.

Approbation.

PHILIBERT DE BRUILLARD, PAR LA MISÉRICORDE DIVINE ET LA GRACE DU SAINT SIÉGE APOSTOLIQUE, ÉVÊQUE DE GRENOBLE ;

Jusqu'à présent les ames pieuses avaient à choisir entre plusieurs *Mois de Marie* qui sont tous en prose ; elles peuvent maintenant se féliciter d'en avoir un en vers, qui sera lu avec édification et chanté avec plaisir.

Cet ouvrage est une nouvelle couronne offerte à la Vierge auguste et chérie, qui n'est pas seulement la mère de notre Dieu, mais qui est aussi la nôtre.

Nous approuvons le *Mois de Marie* composé par M. Dralliat et mis en musique par M. Arnaud, et nous permettons l'usage des cantiques dont il se compose dans les églises de notre diocèse.

Donné à Grenoble, dans notre palais épiscopal, le 28 septembre 1838.

† PHILIBERT, ÉVÊQUE DE GRENOBLE.

Par mandement :

CHAMARD, chan. hon. secr.

MOIS DE MARIE

VEILLE DU MOIS DE MARIE

Invocation.

Voici venir une aurore nouvelle!....
Terre, des cris d'amour ont sonné le réveil :
Pour chanter avec nous ta patronne immortelle,
    Sors de ton froid sommeil !

Orne ton sein de ta riche parure,
Apporte à ses autels tes plus riantes fleurs ;
Et que leurs doux parfums se mêlent, ô nature,
    A l'encens de nos cœurs.

Reine des cieux, protége le délire
Qui conduit ma pensée au chemin de ta foi....
Pour prix de mes travaux je ne veux qu'un sourire,
    Un sourire de toi !

Montre à nos yeux cette brillante étoile
Qui révéla ta gloire aux mages éblouis ;
Apprends-nous la douleur qui te couvrit d'un voile
    Au berceau de ton fils.

Va devant nous.... Dans la sainte carrière
Découvre les trésors de douceur et de fiel
Que ton ame épuisa de la crèche au calvaire,
    Et du calvaire au ciel !!...

O Mère ! à toi l'hommage des archanges !
A toi, de l'univers la prière et les chants !
A toi, toujours à toi, les vœux et les louanges,
    L'amour de tes enfants !

POUR TOUS LES JOURS DU MOIS

Prière à la Sainte Vierge.

Descends, Vierge auguste, du trône
Où près d'Emmanuel les mille astres des cieux
Te proclament leur reine et forment ta couronne ;
    Descends.... sur nous baisse les yeux !

Bonne mère, douce patronne,
    Toi que nous prions tous les jours,
Viens de nos cœurs réparer l'indigence,
Anime-les de tes saintes amours !
Du ciel sur nous fais pleuvoir l'abondance,
    Et pour la timide innocence
Entends nos vœux, Dame de bon secours !

Descends, Vierge auguste, du trône,
Où près d'Emmanuel les mille astres des cieux
Te proclament leur reine et forment ta couronne
    Descends.... sur nous baisse les yeux !

Et vous, saints habitants de l'heureuse patrie,
Prenez vos harpes d'or, vos luths harmonieux ;
Avec la terre, en chœur, jusqu'aux pieds de Marie
Portez de vos concerts les sons mélodieux !

Pendant que nous prions notre Mère chérie,
    Anges, chantez : *Hosanna dans les cieux !*

1ᵉʳ MAI.

Prédestination de Marie annoncée par les prophètes.

CHOEUR.

Salut, *étoile* tutélaire
Que Dieu promit à l'horizon ;
Salut, bienfaisante lumière
Réservée à Jacob !... Ton nom,
Suave et consolant mystère,
Pour nous devient un gage de pardon.

(Nombre, ch. 24, v. 17.)

Toi qui de l'homme as ravi l'innocence,
Ange tombé, monarque des enfers,
La femme un jour détruisant ta puissance
Effacera la honte de nos fers ;
Et sur les pas de cette *Eve nouvelle*,
Quand le soleil de justice aura lui,
Pour conquérir la Sion immortelle
Ton *front brisé* nous servira d'appui.

(Genèse, ch. 3, v. 15.)

(*Chœur.*)

Déjà le ciel, plus doux et moins sévère,
De nos malheurs lui-même s'est lassé ;
Et sous les feux d'un rayon salutaire
Déjà *verdit le rameau de Jessé.*
Ouvre ton sein, ô terre, à la rosée ;
Jérusalem, applaudis au Seigneur :
Bientôt *David sur sa tige* fanée
Verra germer la plus brillante fleur.

(Isaïe, ch. 2, v. 1.)

(*Chœur.*)

De ton foyer doit jaillir l'étincelle
Qui brillera sur le front d'Israël ;
Astre sauveur, cède au Dieu qui t'appelle,
Sors du néant, *mère d'Emmanuel !*

Viens apporter au profit de la terre
Ton cœur immense et tes travaux pieux ;
Viens conjurer la trop juste colère
Qui nous avait déshérités des cieux !

(Isaïe, ch. 17, v. 14.)

(*Chœur.*)

2 MAI.

Immaculée conception et nativité de Marie.

1ᵉʳ CHOEUR.

Quelle est celle qui vient céleste d'innocence,
Gracieuse d'attraits et belle de candeur ?
La terre rajeunie exalte sa présence
Et le ciel se contemple aux vertus de son cœur.

IIᵉ CHOEUR.

Quelle est celle qui vient, comme un géant immense,
Entourer l'univers de son bras protecteur ?
Devant elle l'enfer voit tomber sa puissance,
Et le vieux monde échappe à son joug oppresseur !

Lorsque sous des voiles funèbres
Le ciel se dérobait aux yeux,
A l'homme errant dans les ténèbres
Dieu promit un jour glorieux.
Entonne un hymne d'allégresse,
Jacob, rends grâce à l'Eternel ;
Gage certain de sa promesse,
Déjà brille l'arc-en-ciel.

(1ᵉʳ *chœur.*)

Après les craintes de l'orage,
Au sein d'une profonde nuit,
Après les horreurs du naufrage,
Terre, quel espoir te séduit ?

Déjà d'une brillante aurore,
Du soleil flambeau précurseur,
Voyez, l'horizon se colore....
Salut, astre libérateur !
(IIe chœur.)

Source des biens de la nature,
Toi qui sur les fils de Noé
Répandras l'onde vive et pure
Et les trésors de Siloé ;
Vierge, qui, par un doux mystère,
Au fils de Dieu, verbe incarné,
Dois, pour le salut de la terre,
Ouvrir ton sein prédestiné :

1er CHOEUR.

Honneur à toi qui viens céleste d'innocence,
Gracieuse d'attraits et belle de candeur !
La terre rajeunie exalte ta présence
Et le ciel se contemple aux vertus de ton cœur.

IIe CHOEUR.

Honneur à toi qui viens, comme un géant immense,
Entourer l'univers de ton bras protecteur !
A ton aspect l'enfer voit tomber sa puissance,
Et le vieux monde échappe à son joug oppresseur.

3 MAI.

Présentation de la Vierge au temple.

CHOEUR.

Que font au ciel un impur sacrifice
Et le sang des agneaux ? Si tu veux, Israël,
Qu'à ta prière il se montre propice,
Présente-lui l'offrande et la vertu d'Abel.

Du temple saint la porte solennelle
Vient de s'ouvrir : près du parvis sacré,
Humble et fervente, une jeune mortelle
Apporte à Jéhova son amour consacré.

Donne à l'autel, vierge privilégiée,
Comme un parfum réclamé par les cieux,
Cette ame pure et que n'a pas souillée
Dans le sein maternel la tache des aïeux.

(Chœur.)

Son cœur, brûlant du désir de te plaire,
N'éprouve, ô Dieu ! qu'un unique besoin :
Il veut t'aimer ; et dans le sanctuaire
Sa piété n'aura qu'un ange pour témoin.

Donne à l'autel, Vierge privilégiée,
Comme un parfum réclamé par les cieux,
Cette ame pure et que n'a pas souillée
Dans le sein maternel la tache des aïeux.

(Chœur.)

Nous t'implorons, ô fille du mystère !
Fais qu'abrités à l'ombre des saints lieux,
Conduits par toi dans l'heureuse carrière ;
Nous te suivions en chœur au royaume des cieux.

4 MAI.

Vœu de virginité de Marie.

CHOEUR.

Chœur d'anges { Marie.....
dans le lointain. { Virginité.....

(Récitatif.)
Entendez-vous cette douce harmonie ?....
Quel chant divin dans les airs apporté !....
(Cantabile.)
Chœur { Au bruit de la céleste mélodie,
{ Jérusalem, ton front s'est incliné !....
(Récitatif.)
Cieux, répétez votre douce harmonie....

Chœur d'anges { Marie.....
dans le lointain. { Virginité.....

Près du Jourdain, au fond de la vallée,
    Parmi de flexibles roseaux,
Un noble arbuste à la tige embaumée
    Cache ses gracieux rameaux :
Sa fleur, dans cet asile salutaire,
    De ses parfums mystérieux
Aime à voiler le trésor solitaire
    Qu'elle réserve pour les cieux.
       (*Chœur d'anges.*)

Aux saints autels humble enfant consacrée,
    Tu vas, conduite par ton cœur,
Vouer à Dieu de ton ame épurée
    Les parfums et la jeune fleur....
Sang de David, que devient l'héritage
    Pour toi dès long-temps annoncé ?
Fille des rois, à ton divin partage
    Ta gloire a-t-elle renoncé ?
       (*Chœur d'anges.*)

O jour heureux ! sur toute la nature
    Un regard de paix est tombé,
Et dans le ciel, devant la créature
    Le chœur des anges s'est courbé !...
Les doux concerts du céleste rivage
    Semblent s'approcher du saint lieu....
De ton amour, Sion, quel nouveau gage,
    Quel prix donnes-tu donc à Dieu ?
       (*Chœur d'anges.*)

      Marie.....

Tous. { O répétons cette douce harmonie,
    Ce chant divin dans les airs apporté :
      Marie.....
      Virginité.....

5 MAI.

Mariage de Marie et de saint Joseph.

Quelle est celle qui vient sous un riant présage,
    Pleine de grâce et d'ingénuité,
Confier à l'époux le modeste apanage
    Qu'elle promit à la divinité ?...
Lève-toi, peuple saint ; salue à son passage
L'étoile qui t'appelle à l'immortalité !

    Dieu, du haut de son trône,
      A donné le signal ;
    Vierge, appends ta couronne
      Au lambris nuptial :
    Va, les cieux ont d'avance
      Béni la pureté
    De ces nœuds d'innocence
      Et de virginité.

Eh quoi ! Jérusalem, le temple est solitaire,
    Et le pontife est seul près de l'autel ?...
Sa main vient de bénir au seuil de la carrière
    Les deux élus, la vertu d'Israël :
Et tu n'as, ô Sion ! ni parfum ni prière
Pour celle dont le cœur te prépare le ciel !...

Allez, chastes époux, dans la foi, le silence,
    Vous disposer aux desseins du Seigneur !
De ses décrets sur vous déjà l'heure s'avance....
    Allez !... allez !... l'instant libérateur
Vous appelle à guider, nouvelle Providence,
Les premiers pas d'un Dieu, l'enfance du Sauveur.

6 MAI.

Mystères de l'annonciation et de l'incarnation.

Je te salue, ô Vierge belle et pure,
Toi que le ciel, par un choix glorieux,
Voulut créer sans tache et sans souillure ;
Je te salue, amour du roi des cieux !

Epouse du Seigneur, réjouis-toi, Marie !
    Fidèle au vœu de ta virginité,
Tu vas pourtant connaître (ô sort digne d'envie !)
    Tous les bienfaits de la maternité.

Sois à jamais bénie entre toutes les femmes !
Sur toi descend l'esprit générateur,
Et ton sein virginal, fécondé de ses flammes,
Va de la terre enfanter le Sauveur.

Dans les secrets de Dieu l'avenir cache une heure,
Heure de gloire où le ciel entendra
Le chœur des séraphins, dans la sainte demeure,
Mêler ton nom à ses chants d'hosanna.

LA VIERGE.

« Tu daignes, ô Seigneur ! vers ton humble servante
» Abaisser ta divine majesté !...
» Je suis à tes décrets soumise, obéissante :
» *Qu'il me soit fait selon ta volonté !* »

PRIÈRE.

Sainte Mère de Dieu, protectrice des hommes,
D'intercéder pour eux, ah ! ne te lasse pas !
Prête-nous ton appui, fragiles que nous sommes,
Maintenant et surtout à l'heure du trépas.

7 MAI.

La Visitation.

JEAN PROMIS A ZACHARIE.

Le ciel a béni ta prière,
L'heure de ses décrets, prêtre saint, a sonné ;
En lui que ta foi soit entière ;
Dans ta vieillesse un fils pour gage t'est donné !...
Heureux enfant ! comme un nouvel Elie,
Viens rappeler Israël au Seigneur ;
Dans la vertu viens disposer ta vie
A préparer un jour les sentiers du Sauveur.

MARIE ALLANT VISITER ÉLISABETH.

Tu vas, comme un léger nuage,
De parfums et d'encens au-dessus des vallons,
O toi, dont le riant visage
Jette dans un flot d'or de limpides rayons !
De ton regard la céleste lumière
Répand au loin un jour mystérieux ;
Et fléchissant sous ta marche légère
La nature paraît céder au poids des cieux.

SALUTATION DE MARIE.

De Dieu bénissons la clémence,
Sur nous de ses bienfaits les trésors sont ouverts :
Ma sœur, adorons sa puissance ;
Il sait, quand il le veut, féconder les déserts.
Heureux celui qui d'une foi sincère
Garde la crainte et le nom du Seigneur !
Toujours facile à son humble prière,
Le ciel n'est jamais sourd aux désirs de son cœur.

RÉPONSE D'ÉLISABETH A MARIE.

Vierge, parmi toutes choisie,
Que la terre et les cieux chantent ton nom divin !
Mère, sois à jamais bénie :
Le monde est affranchi par le fruit de ton sein....
Des mains de Dieu la source des merveilles
Tombant pour toi sur nous a rejailli ;
Et quand ta voix a frappé mes oreilles,
Le Précurseur ému soudain a tressailli.

PRIÈRE.

A nous tes serviteurs, Marie,
A nous qui réclamons une part de ton cœur,
Fais entendre ta voix chérie ;
Visite-nous des cieux, ange consolateur !...
Si Dieu vers nous tourne son front sévère,
Auprès de lui sois notre intercesseur ;
Pour apaiser sa trop juste colère,
Un mot de toi suffit, ange médiateur !

8 MAI.

Cantique de Marie.
(*Magnificat.*)

CHOEUR.

Exalte le Seigneur dans sa magnificence,
O mon ame, redouble et d'amour et d'ardeur !
Et que l'encens de la reconnaissance
Brûle sans cesse au foyer de mon cœur !...

Du pacte de Jacob Dieu garde la mémoire ;
Jusques à mon néant, des hauteurs de sa gloire,
Son regard s'est humilié !...
Je marche sous le poids de sa toute-puissance....
Des prodiges en moi signalent sa présence....
Que son nom soit glorifié !...
(*Chœur.*)

A celui qui le craint sans mesure il accorde
Les trésors de sa grâce et sa miséricorde....
Heureux les cœurs remplis de foi !
C'est pour eux que le ciel fait fleurir l'espérance,
Et lui-même devient la juste récompense
De l'homme fidèle à sa loi.
(*Chœur.*)

Le Seigneur à son bras réserve la puissance !...
Homme, tu veux en vain affronter sa présence :
Tu fuis au seul bruit de ses pas !
Du glaive des tyrans il arme la victime,
Et les trônes brisés s'écroulent dans l'abime
Creusé par les mains du trépas.
(*Chœur.*)

A l'avare flétri par d'impures richesses
Il refuse ses biens, et les donne en largesses
Aux Lazares de la cité....
De clémence et de paix il offre un nouveau gage,
Et sur ton front, Juda, courbé dans l'esclavage
Brille un rayon de liberté !
(*Chœur.*)

9 MAI.

Marie justifiée par Dieu lui-même des soupçons de Joseph.

Celle dont l'ame douce et pure
T'inspirait un céleste amour,
La merveille de la nature
Vers toi, Joseph, est de retour....
Pourquoi donc sous un sombre voile
Ton chaste front est-il courbé ?
De sa brillante et vierge étoile
Cet ange, hélas ! est-il tombé ?...

Du Seigneur messager fidèle,
Voici l'archange Gabriel !...
Du sein de sa gloire il l'appelle ;
Ecoute l'envoyé du ciel :
« Cesse, dit-il, ta plainte amère,
» Marie est fidèle à son vœu :
» Un Dieu de son fils est le père,
» Et ce fils lui-même est un Dieu !... »

Toi qui rachetas par l'outrage
L'honneur de ta maternité,
Le fiel fut le premier breuvage
Que ton sein de mère ait goûté !...
Dans les angoisses de la vie
Donne-nous les vertus du cœur
Qui te soutinrent, ô Marie !
Contre la honte et la douleur.

Quand l'ame tombée et flétrie,
Avide d'un dernier espoir,
Aux tortures de l'agonie
Joint les tourments du désespoir ;
Pour l'homme faible qu'il console
Et pour son cœur brisé, ton nom,
Marie, est la douce parole
Qui promet espoir et pardon.

Il prie, et malgré la tempête
Qui gronde encor autour de lui,
Non loin dans les cieux, sur sa tête,
Ton astre protecteur a lui ;
Il prie, et ta céleste image
Pénétrant son cœur attristé,
Couvre la nuit de son veuvage
D'un rayon d'immortalité.

10 MAI.

Départ de Marie pour Bethléem.

CHŒUR.

Qui peut sonder, Seigneur, ta providence?...
Ta volonté, mystérieux arrêt,
Dans les sentiers que tu traces d'avance,
Sujets ou rois, nous suit et nous devance :
Le but est ton secret !

Le joug de l'étranger du sceau de l'esclavage
Vainement t'a flétri, berceau de Benjamin :
Le jour de gloire approche où ton heureuse plage
Verra naître en tes murs l'espoir du genre humain.
(*Chœur.*)

Un superbe vainqueur, du sol de la patrie
Veut dénombrer les fils.... Près de Jérusalem
Va, fille de David !... Hâte tes pas, Marie,
C'est le ciel qui t'appelle aux murs de Bethléem.
(*Chœur.*)

Le Seigneur se prépare à l'heure solennelle
Du rachat des captifs : obéis à son vœu....
Ouvre ton sein au roi de la Sion nouvelle,
Et pour sujet de plus aux Césars donne un Dieu.

Brave les vents glacés, la neige et les orages,
Surmonte les dangers de la froide saison :
Va !... déjà l'avenir s'entr'ouvre aux yeux des mages,
Et l'astre conducteur se lève à l'horizon.

11 MAI.

Nativité de Jésus-Christ considérée par rapport à Marie.

Fleur de Juda, Vierge féconde et pure,
Par un bienfait que mérita ton cœur
La grâce vient en toi surprendre la nature
En te donnant pour fils un Dieu ton créateur.

Ton chaste sein, affranchi du martyre,
A l'enfant-Dieu s'est ouvert sans souffrir ;
Son visage vers toi s'est posé d'un sourire
Et ton œil a cru voir tous les cieux s'entr'ouvrir.

Au roi des cieux, dans une bergerie,
Sous des haillons, pour conserver la foi,
Sans un nouveau miracle, il fallut, ô Marie !
Etre bien plus qu'un ange : il fallut être toi....

Dans ces premiers transports, ô pauvre mère !
Enivre-toi de ta maternité !
Par quels tourments, hélas! par quelle angoisse amère
Tout ce bonheur d'un jour doit être racheté !...

Comme ton fils, entourés de misère,
Nous, tes enfants, t'implorons en ce lieu.
O Marie ! aime-nous de cet amour de mère,
De ce cœur dévoué que tu donnais à Dieu !...

12 MAI.

Adoration des bergers et des mages.

CHOEUR.

Aux voix du ciel va mêler tes louanges,
Sion ; n'entends-tu pas, dans les airs répété,
Le cri d'amour, l'hosanna des archanges ?...
Gloire à Dieu dans le temps et dans l'éternité !...
Paix sur la terre aux cœurs de bonne volonté !...

Mère, montre ton fils !... Du sein de leur retraite
Accourent des bergers avertis par les cieux :
Pour croire au Rédempteur dont le règne s'apprête,
Leur foi demande encore un témoignage aux yeux.

Dieu ne se voile pas à la simple prière :
Son royaume immortel aux pauvres est promis ;
Il aime à s'entourer des humbles de la terre ;
C'est pour eux qu'il est né... Mère, montre ton fils !

CHOEUR.

Gloire à Dieu, etc.

Mère, montre ton fils !... Des portes de l'aurore
Vois accourir des rois au berceau du Sauveur !
Suivant l'astre nouveau qui pour eux vient d'éclore,
Ils marchent confiants à l'appel du Seigneur.

Ils apportent la myrrhe et l'encens d'Idumée
Au Messie attendu des Juifs et des Gentils.
Sous son humble réduit leur tête est inclinée,
Leurs yeux cherchent à voir... Mère, montre ton fils!

CHOEUR.

Gloire à Dieu, etc.

13 MAI.

La Circoncision.

Le pacte antique d'Abraham
En ce jour, ô pieuse mère !
Réclame au pied du sanctuaire
Le rédempteur des fils d'Adam.
Au livre du peuple fidèle
Fais inscrire son nom : Jésus
N'est encor qu'un enfant de plus
Parmi le troupeau qu'il appelle.

Dans le saint parvis, en voyant,
Sous le couteau du sacrifice,
De cette victime propice
S'épandre les pleurs et le sang,
Tu gémis !... Ton amour de mère,
Pénétrant un sombre avenir,
Saurait-il déjà pressentir
Les pleurs et le sang du Calvaire ?

Vierge, il faut expier l'honneur
D'avoir, par un nouveau miracle,
Eté le vivant tabernacle
D'un Dieu qui s'offre à la douleur.
Prépare ton ame aux alarmes,
C'est un tribut que tu nous dois ;
Pleure : ta soumission aux lois
Nous vaudra tes premières larmes.

Le salut des hommes attend
Plus d'un effort de ton courage ;
Affermis-toi contre l'orage
Qui sur ton fils gronde et s'étend :
Dans ta carrière douloureuse
Va.... nous marcherons sur tes pas,
Pour atteindre après le trépas
A ta couronne glorieuse.

14 MAI.

La Purification.

CHOEUR.

Chantez la prière lustrale,
  Ministres du saint lieu ;
Ouvrez la porte orientale
  A la mère de Dieu.

Ta volonté, Seigneur, l'appelle ;
Au temple elle accourt à ta voix :
Tu prescris, et son cœur fidèle
Ne sait qu'obéir à tes lois.

De son angélique figure
La pudeur et la chasteté
Couvrent sa modeste parure
D'un reflet de virginité.
    (*Chœur.*)

Deux colombes blanches comme elle,
Holocaustes de pauvreté,
Témoignent, Seigneur, de son zèle
Pour ta divine majesté.

Bien que Dieu même sanctifie
Ton cœur fait à l'humilité,
Tu vas purifier, Marie,
Ton chaste sein immaculé !...

Jeune mère, enrichis notre ame
De cette innocence du ciel
Dont la miraculeuse flamme
Te ramène vierge à l'autel.

15 MAI.

Prédiction de Siméon.

CHOEUR.

Rappelle maintenant de ce lieu de misère,
Selon que tu l'as dit, en ta paix, ô Seigneur,
Dans le sein d'Abraham, au séjour de lumière,
Rappelle à toi ton humble serviteur.

Mes yeux ont vu le Verbe salutaire,
  Pour le rachat des peuples de la terre,
    Par les prophètes annoncé :
  Gage d'amour et de miséricorde
  Qu'à l'avenir ta Providence accorde
    Pour reconquérir le passé.

Mes yeux ont vu, sous un mystique voile,
Vers l'horizon paraître ton étoile
    Etincelante de clarté ;
Astre sauveur dont la douce influence
Rend à Jacob son antique puissance,
    Sa gloire et l'immortalité.
    (*Chœur.*)

Mes yeux ont vu celui que Dieu destine
Pour être un jour une cause de ruine
    Et de salut dans Israël.
Combien, hélas ! aveugles aux miracles,
Fermant le cœur à la foi des oracles,
    Méconnaîtront la voix du ciel !

Mes yeux ont vu ton enfant, vierge-mère,
Ce fils qui vient, pour absoudre la terre,
    Passer au creuset de douleur !
Ton ame aussi, fille innocente d'Eve,
Pour les humains doit souffrir ; et le glaive
    Sept fois déchirera ton cœur.
    (*Chœur.*)

MOIS DE MARIE.

16 MAI.

La Fuite en Egypte.

Vierge, pourquoi cette tristesse amère ?
L'heure fatale aurait-elle sonné ?...
Et la douleur vient-elle, ô pauvre mère !
Tordre déjà ton cœur prédestiné ?...

Avec ton fils fuis ! sa vie est proscrite ;
N'entends-tu pas l'ange libérateur ?
Aux bords du Nil, va ! sa rive maudite
Sera deux fois l'asile d'un Sauveur.

Un fier tyran, dans sa jalouse rage,
Du roi promis, qu'il brûle d'immoler,
Cherche le sang.... Du Jourdain fuis la plage ;
Sur ses enfants Israël va pleurer.

Loin de Sion, pars : au sein des alarmes,
Forme tes yeux, dans les pleurs du berceau,
A te prêter les deux sources de larmes
Qu'épuisera la pierre du tombeau.

Toi qui soutins la tempête et l'orage,
Toi qui connus l'exil et sa douleur,
Mère de Dieu, viens jusques au rivage
Tendre la main au pauvre voyageur.

Sur les écueils où sa force est brisée
Viens l'arracher à l'abîme entr'ouvert ;
Fais devant lui, fais pleuvoir ta rosée,
Et qu'une fleur console son désert !

De son chemin écarte le nuage
Qui jette une ombre à la clarté du jour ;
Et pour l'aider dans son pèlerinage
Prie avec lui le fils de ton amour.

17 MAI.

Vie cachée et vertus de Marie.

Lis du désert, rose de la vallée,
   Toi qui, pour dérober aux yeux
Ton beau feuillage à l'ombre parfumée,
   As voué ta fraîcheur aux cieux :
Dans le secret, la paix et le silence,
Soumise aux lois de la divinité,
Sur Israël, ô fleur d'obéissance !
Verse tes doux parfums d'humilité.

Qu'à tes foyers, séjour de la misère,
   L'affreux besoin vienne s'asseoir ;
Que le malheur te frappe, jeune mère,
   Ses coups ne peuvent t'émouvoir :
Ton ame, heureuse au sein de l'indigence,
Du vrai bonheur a la sérénité....
Sur Israël, ô fleur de patience !
Verse tes doux parfums de pauvreté.

Aux vains plaisirs tu n'as rien qui réponde,
   Tu restes sourde aux gais accents !
Mais jusqu'à toi qu'une douleur du monde
   Porte le cri de ses tourments ;
Ton cœur, ouvert aux pleurs de la souffrance,
Du malheureux est l'asile assuré....
Sur Israël, tendre fleur d'espérance,
Verse tes doux parfums de charité.

Avec amour, Vierge, le ciel contemple
   Ta noble et timide pudeur :
De la vertu ton sein offre le temple
   Et Dieu repose dans ton cœur.
Ton nom divin, promesse d'indulgence,
Calme pour nous l'éternelle équité....
Sur Israël, blanche fleur d'innocence,
Verse tes doux parfums de pureté.

18 MAI.

Marie cherche son fils au temple.

Je l'ai perdu l'enfant de ma tendresse,
Objet sacré d'un amour immortel ;
Oh ! qui viendra de mon cœur maternel
Calmer enfin l'angoisse et la détresse ?...
Dieu qui m'as confié cet espoir d'Israël,
Me demanderas-tu ce que j'ai fait d'Abel ?

Mes yeux troublés par les pleurs qu'ils répandent
Cherchent en vain les traces de mon fils !...
Autour de moi tout est sourd à mes cris....
N'est-il donc plus de mères qui m'entendent ?
Au milieu de tes bruits, Sion, ma voix se perd,
Et mes pleurs sur ton sein coulent dans un désert.

Depuis trois jours l'amertume des larmes
De ma tristesse est le seul aliment :
La vie, hélas ! ne m'offre que tourment ;
Le ciel lui-même a perdu tous ses charmes....
Vous tous qui près de moi passez libres d'ennui,
Oh ! si vous l'avez vu conduisez-moi vers lui !...

UNE JEUNE ISRAÉLITE.

Cesse ta plainte, ô mère désolée !
Ton cœur assez s'est nourri de douleurs !...
Le ciel s'émeut, désarmé par tes pleurs,
Et rend la joie à ton ame éplorée....
Vas au temple ; au milieu d'un peuple d'auditeurs
Tu trouveras ton fils enseignant les docteurs.

MARIE A SON FILS.

Pourquoi, mon fils, cette cruelle absence ?
Qui vous retient si long-temps loin de nous ?
Vous posséder pour nos cœurs est si doux !
Prenez pitié de leur longue souffrance....

JÉSUS-CHRIST.

Mère, il faut obéir aux immortels décrets
De celui dont je viens accomplir les arrêts.

19 MAI.

Marie aux noces de Cana.

CHŒUR.

Marie, en toi notre ame espère !
Source des biens de l'univers,
Fais que pour nous, à ta prière,
Les trésors du ciel soient ouverts !

Aux transports de douce allégresse,
Quoi donc ! convives de Cana,
Succède une froide tristesse,
Et déjà la gaîté s'en va !....
Du festin la coupe tarie
Glace vos fugitifs plaisirs !...
Implorez l'appui de Marie,
Jésus comblera vos désirs.

(*Chœur.*)

Se réjouir dans l'innocence,
Digne mère d'Emmanuel,
N'a rien dont la vertu s'offense ;
Rends la joie aux fils d'Israël !
Près de l'auteur de la nature,
Invoque son pouvoir divin ;
Et par lui les flots d'une eau pure
Vont bientôt se changer en vin.

(*Chœur.*)

O reine secourable, appui du malheureux,
Daigne, nous t'en prions, obtenir à nos vœux
    La place aux noces éternelles
Que ton fils a promise aux cœurs remplis de foi,
Et que, dans son amour, il donne auprès de toi
    A ceux qui lui restent fidèles.

20 MAI.

Marie en apparence méconnue par son fils.

Ciel ! l'ai-je bien entendu ?... *Femme*
Qu'est-il de commun entre nous ?....
Marie ! et c'est ton fils qui blâme
De ton cœur les élans si doux !....
Hélas ! cet amour qu'une mère
Flatte et nourrit dès le berceau,
Pour toi, par un cruel mystère,
Serait-il un crime nouveau ?

Non, non ! celui qui veut qu'on aime,
Qui s'est fait homme par amour,
N'a pu rejeter pour toi-même
Ce qu'il nous prescrit chaque jour....
Vierge, il veut épurer la flamme
Que tu lui vouas au saint lieu ;
Il veut accoutumer ton ame
A ne plus voir en lui que Dieu....

C'est au creuset des sacrifices
Que tu dois affermir ton cœur,
Pour voir, sans mourir, les supplices
Qu'attend l'homme de la douleur.
Reporte, il le veut, sur le monde
Dont tu dois être un jour l'appui,
Cette tendresse qui t'inonde
Et que tu réservais pour lui.

Refuge de l'ame qui souffre
Et plonge dans l'éternité,
Oh ! viens, mère, au milieu du gouffre
Aider la faible humanité....
Viens conjurer le sombre orage
Que sur nous soulève la mort,
Et vers le céleste rivage
Que ton flambeau nous guide au port !

21 MAI.

Jésus confie Jean à sa mère et sa mère à Jean.

Homme, voilà ta mère....
Femme, voilà ton fils....
Sombre écho du Calvaire,
D'un Dieu retiens ces cris !....
En te léguant, Marie,
Un homme à protéger,
C'est nous qu'il te confie,
Nous qu'il vient de sauver !

CHOEUR.

Reçois aux cieux les parfums de prière
Qu'à tes autels balance l'encensoir !
Pour nous ton nom est toujours, bonne mère,
Le premier cri du jour, le dernier cri du soir !

Ton fils ainsi couronne
Son œuvre en expirant ;
Il meurt, mais il te donne
Le monde pour enfant !
Par ce doux patronage
Il dépose en tes mains
Le plus précieux gage
Du salut des humains.

Nous sommes l'apanage
A ton règne attaché :
Pour garder l'héritage
A l'enfer arraché,
Quand le soin de te plaire
Nous ramène vers toi,
Sous ton joug salutaire
Rends nos cœurs à la foi !

(*Chœur.*)

22 MAI.

Marie au Calvaire.
(Stabat.)

Près de l'arbre fatal où son fils expirait,
La mère aux sept douleurs, la vierge au cœur de mère,
    Dans les pleurs s'abîmait :
Les bourreaux triomphants de sa souffrance amère
L'abreuvaient de mépris, huaient sa foi sincère ;
    Elle, pour eux priait !

Quand de ses longs sanglots le monde se riait ;
Si des yeux de son fils, victime salutaire,
    Une larme tombait,
Recueillant cette larme errante, solitaire,
Qui devait du péché purifier la terre,
    Elle, pour nous l'offrait !

Disciple bien-aimé que Jésus préférait,
Jean, non loin de la croix prosterné sur la pierre,
    Le sein se meurtrissait :
Pour calmer ses regrets et sa douleur, la mère,
Au loin montrant le ciel semblait lui dire : espère!...
    Elle, pourtant pleurait !!

Aux menaces du ciel l'univers s'ébranlait ;
De prodiges affreux, des éclats de tonnerre
    L'homme effrayé fuyait !....
Avec Jean éploré, sur le roc du Calvaire,
Triste jusqu'à la mort, attendant le suaire,
    Elle, seule restait !...

Refuge du pécheur, quand la foudre grondait,
Ta vertu le sauva de la juste colère
    Du Dieu qu'il offensait :
Vierge, mère d'amour, étoile tutélaire,
Pour adorer ton fils apprends-nous la prière
    Que ton cœur t'inspirait !

23 MAI.

Marie au tombeau de son fils.

O fille de Sion, quelle douleur profonde,
    Quel noir chagrin, hélas ! t'ont pu frapper ?...
Sur ce rocher funèbre où ta force succombe,
    Au monument que viens-tu demander ?...
Sous le poids du malheur ton ame douce est triste
Comme un flot expirant qui gémit sur l'écueil,
    Comme la harpe du psalmiste
    Quand il pleure sur un cercueil ! (1)

Les sanglots arrachés à ton ame plaintive
    Ont du Jourdain réveillé les échos ;
Pour t'entendre gémir son onde sur la rive
    A suspendu la course de ses flots :
Et pourtant ta douleur fait sourire le monde....
Dis-moi donc, au tombeau que viens-tu demander?...
    Eh quoi ! ton fils dans cette tombe !...
    Oh ! sur toi laisse-moi pleurer....

Mon Dieu ! quand de son fils une mère privée
    A de son sang vu tarir le plus beau,
En deux moitiés, hélas ! son ame est partagée,
    Et la meilleure appartient au tombeau !... (2)
Cependant, pauvre mère, un espoir te console
Et te sourit : ce fils mort pour nous ici-bas
    Doit bientôt, suivant sa parole,
    Renaître vainqueur du trépas.

Toi-même tu voulus de l'étroite demeure
    Ouvrir la porte au fils de ton amour :
Mais sur le seuil, pour toi, l'espérance demeure,
    Et dans les pleurs te montre le retour.
Sur cette froide pierre en vain ton regard tombe,
En vain ton cœur froissé se brise à cet effort ;
    Ta foi triomphant de la tombe
    Est plus puissante que la mort !

(1) Lamartine.   (2) *Idem.*

24 MAI.

Marie à la résurrection de Jésus-Christ.

Des cris d'amour, de triomphe et de joie
    Font retentir les airs :
L'oriflamme chrétien au monde se déploie
    Et les cieux sont ouverts !

Relève-toi de ton humble poussière,
Sèche tes pleurs, ô mère de Jésus !
Voici venir, entouré de lumière,
    Celui qui n'était plus !

Vois ! sur son front la sanglante couronne
Brille aujourd'hui d'un éclat glorieux ;
Et de ses traits en mille éclairs rayonne
    La majesté des cieux.

Il est vaincu ton pouvoir formidable,
Sœur de l'enfer et fille du péché ;
Mort ! désormais tu n'es plus redoutable,
    Et ton règne est passé.

Pour nous ouvrir les portes éternelles,
Par un prodige ineffable et nouveau,
Jésus, brisant les entraves cruelles,
    Triomphe du tombeau.

Du haut des cieux d'où notre voix t'implore,
A tes enfants pressés à tes genoux,
Comme ton fils, mère, viens dire encore :
    La paix soit avec vous !

25 MAI.

Marie à l'ascension de Jésus-Christ.

CHOEUR.

Voici le jour de triomphe et de gloire !...
Quitte le deuil, Sion ; réjouis-toi....
N'entends-tu pas l'hosanna de victoire ?
C'est le ciel reconquis applaudissant son roi !...

Vers l'infini le Christ s'élance
Porté sur un nuage d'or....
Aux cieux où ton cœur le devance,
Mère, ton fils prend son essor :
Mais il te laisse un doux sourire
Pour gage d'attente et d'espoir ;
Encor quelques jours de martyre,
Et tu pourras sans fin le voir !

Il te montre après lui la trace
Où tu marcheras à ton tour :
Il va te préparer la place
Que tu dois occuper un jour.
Vois ! les séraphins et les anges
Viennent au Dieu de l'univers
Offrir leur tribut de louanges....
Mêlons nos voix à leurs concerts.

(Chœur.)

Autour de la sainte bannière
Par lui les élus rassemblés
Ont vu s'écrouler les barrières
Qui les enchaînaient exilés.
Ils vont enfin jouir sans voiles
Du bonheur que cherchent leurs yeux ;
Ils vont, au-dessus des étoiles,
Peupler l'immensité des cieux.

(Chœur.)

26 MAI.

Marie reçoit le Saint-Esprit.

(Récitatif.)
Sur le sommet des monts les vents au loin mugissent..
Le souffle du Très-Haut a-t-il troublé les airs ?...
De la foudre en éclats les rochers retentissent....
Un Dieu vient-il encor visiter l'univers ?...

Dans la retraite, au milieu de tes frères,
Tu fais au ciel de ferventes prières,
Mère du Rédempteur :
Pleine de foi tu disposes ton ame
A recevoir la consolante flamme
De l'esprit créateur....

Vois ruisseler ce torrent de lumière,
Flot fécondant qui sur le sanctuaire
Tombe en langues de feu :
Vierge, c'est là le flambeau que la terre
Attend du ciel : c'est le promis du père,
C'est la vertu de Dieu !

CHOEUR.

Esprit-Saint, Dieu de paix, heureuse Providence,
L'homme tombé n'implore et n'attend plus que toi :
Pour conquérir sa première innocence,
Il te demande un rayon de la foi.

Il vient enfin dissiper les ténèbres
Dont les réseaux et les voiles funèbres
Nous couvraient de leur nuit :
Et comme au jour se dissipe un vain songe,
A son éclat disparaît le mensonge
Du monde qu'il séduit.

Il verse en toi ses trésors de science,
Germe de foi, d'amour et d'espérance

Qui dans ton sein grandit !....
Aux jours mauvais nous pleurions sur tes traces;
Mère, aujourd'hui donne-nous part aux grâces
Aux dons du Saint-Esprit.

(Chœur.)

27 MAI.

Marie voit triompher le nom de Jésus-Christ et meurt.

Sous les voiles sacrés de l'humble eucharistie,
Allez, prêtres élus de la nouvelle foi,
Donner le pain des forts !... Prêtres du Dieu de vie,
Portez à l'univers les tables de sa loi !...

Mère, vois ! déjà le blasphème
Respecte le fils de ton cœur :
L'orgueilleux pharisien lui-même
De son joug accepte l'honneur....
Le monde n'a plus de barrières
Pour la gloire du Rédempteur;
D'Israël déjà les frontières
Ont vu passer son char vainqueur.

Bientôt, immortelle bannière,
Le noble étendard de la croix
Ira du seuil de la chaumière
Flotter sur le palais des rois....
Bientôt les murs du Capitole,
Les pyramides de Memphis,
Brisant une trompeuse idole,
S'inclineront devant ton fils.

Vierge, sois témoin des miracles
Qui le publient en tous lieux;
Vois l'enfer même et ses oracles
Rendre hommage à ce roi des cieux !...

Le ciel a voulu sur la terre,
En échange de tes revers,
Te montrer l'homme du Calvaire
Proclamé Dieu de l'univers.

Enfin de ton amour sublime
Les trop longs tourments vont finir;
Et cet amour, noble victime,
T'obtient la grâce de mourir....
A la voix de Dieu qui t'appelle,
Descends à ton dernier sommeil;
Va!... mais pour la vie éternelle,
Marie, à demain le réveil!...

28 MAI.

Assomption de Marie.

Ouvre, Jérusalem, tes portes solennelles,
　　Pare ton front de gloire et de splendeur :
　　Voici venir la fille des merveilles,
　　　Voici l'épouse du Seigneur !

Toi dont la voix si douce à son oreille
　　Trouva toujours un écho dans son cœur,
Le bien-aimé t'attend, colombe sans pareille;
Va près de lui goûter la paix et le bonheur.

Comme le lys au-dessus de l'épine,
Tu brillas par-dessus les filles d'Israël :
La couronne d'amour que l'époux te destine,
Vierge sans tache, vois, déjà paraît au ciel.

Fais couler dans nos seins les sources de sapience,
　　Refuge assuré du pécheur !
　　Arche de nouvelle alliance,
Sois près de l'Eternel notre appui protecteur !

Sur nos pas égarés fais taire les orages,
Etoile du matin propice aux voyageurs;
Et vers l'éternité, cette mer sans rivages,
Préserve notre esquif des rochers destructeurs.

29 MAI.

Marie dans les cieux.

Fille glorieuse du père
Et du fils adorable mère,
Digne épouse du Saint-Esprit,
Abaisse un regard sur la terre,
Toi que le ciel prie et bénit !...

Vierge, qui sur le front des anges
Montas au royaume des cieux,
Qui des trônes et des archanges
Reçois les hommages pieux;
Reine des fortunés rivages,
Au sein d'un immortel loisir,
Des tempêtes et des orages
As-tu perdu le souvenir ?

Non ! jamais l'affligé qui prie,
En butte aux maux les plus cuisants,
Ne trouva ton ame, ô Marie !
Fermée à ses plaintifs accents.
Tu fus la force et la victoire
Des martyrs et des confesseurs ;
Garde-nous le prix de leur gloire,
Pour nos couronnes de douleurs !

Gage de paix, Vierge chérie,
Notre seul refuge aujourd'hui,
Parmi les écueils de la vie,
Sois notre guide et notre appui !

Montre-toi toujours, bonne mère,
Dans ce monde souvent trompeur,
La providence tutélaire
De la faiblesse et du malheur !

30 MAI.

Dévotion à Marie.

Cessez, mortels, au milieu des alarmes,
D'offrir l'encens à des beautés d'un jour !...
A toi, Marie, à tes célestes charmes
Les doux parfums d'un immortel amour !...

De l'Esprit-Saint lorsqu'un rayon de flamme
Ruisselle en moi comme un torrent de feu ;
Ton nom, Marie, est le chant de mon ame
Qui te bénit pour s'élever à Dieu.

Frappé d'extase auprès de ton image,
Mon sein ému, haletant de ferveur,
Pour te le dire, à défaut du langage,
Cherche un écho qui réponde à mon cœur.

Lorsque bercé sur l'aile des archanges
Mon cœur aux cieux n'allait chercher que toi,
Ton pur amour, sainte reine des anges,
Y vint jeter les germes de la foi.

Heureux celui qui sous ta providence
Dans la vertu se repose et s'endort :
Vers le tombeau ta grâce le devance,
Et ton amour l'attend à l'autre bord.

Près Jéhova porté d'un vol sublime,
Quand son exil par toi vient de finir ;
Des maux passés il voit fermer l'abîme
Et naître un jour qui ne doit pas mourir.

31 MAI.

Adieux à Marie.

CHOEUR.

Adieu, Marie !...
Vierge auguste et chérie,
Mère de Dieu,
Mes chants ont dit ton sublime martyre :
A tes autels je dépose ma lyre....
Marie, adieu !

De tes enfants la foule rassemblée
Ne viendra plus à tes pieds chaque soir
T'offrir en chœur l'encens de la journée
Et raconter sa crainte ou son espoir.

Ils vont finir ces jours où sur tes traces
Tu les voyais, au sentier de douleur,
Puiser à flots dans le trésor des grâces
Dont l'Eternel mit la source en ton cœur.

Mais je viendrai, voyageur solitaire,
Dans le secret te demander encor
Pour les dangers ton appui salutaire
Et le bonheur que tu promets au port.

Quand la douleur de son ombre cruelle
Attristera mon passage d'un jour,
Je reviendrai me placer sous ton aile
Et m'abriter au sein de ton amour.

Oui, je viendrai chaque instant de ma vie
Du temple saint réveiller les échos,
Et conquérir à tes pieds, ô Marie !
Le gage heureux d'un immortel repos.

Pour te chanter, ô patronne immortelle !
Mon ame a pris au céleste foyer,
De ton amour une faible étincelle :
Laisse-la moi, mère, pour te prier.

(*Chœur.*)

Nota. Un accompagnement de deux violons, *alto* et *basse*, a été ajouté à cet ouvrage pour remplacer l'orgue, seulement dans quelques passages où cet instrument est insuffisant pour rendre la pensée du compositeur. On peut suppléer à ce *quatuor* par un piano.

Les morceaux de ce recueil devant être dits consécutivement, chaque jour du mois de mai, c'est pour faciliter cette exécution que l'auteur a répété plusieurs fois la même musique dans le courant de son œuvre.

Mois de Marie.

MUSIQUE.

L'éditeur, étant seul et unique propriétaire des paroles et de la musique de ce *Mois de Marie*, prévient qu'il poursuivra sévèrement tout contrefacteur de tout ou même de simples fragments de cet ouvrage.

Prudhomme

www.ingramcontent.com/pod-product-compliance
Lightning Source LLC
Chambersburg PA
CBHW060632050426
42451CB00012B/2550